LA CUCINA A BASSA

TEMPERATURA 2021

RICETTE SOUS VIDE VELOCI E CONVENIENTI FACILE

GIOVANNA DI MARZIO

Sommario

3

Salsiccia dolce e uva

Tempo di preparazione + cottura: 1 ora e 20 minuti | Porzioni: 4

ingredienti

2 ½ tazze di uva bianca senza semi con il picciolo rimosso

1 cucchiaio di rosmarino fresco tritato

2 cucchiai di burro

4 salsicce italiane dolci intere

2 cucchiai di aceto balsamico

Sale e pepe nero qb

Indicazioni

Preparare un bagnomaria e inserire il Sous Vide. Impostato su 160 F.

Mettere l'uva, il rosmarino, il burro e le salsicce in un sacchetto sigillabile sottovuoto. Rilasciare l'aria con il metodo dello spostamento dell'acqua, sigillare e immergere la sacca nel bagnomaria. Cuocere per 60 minuti.

Una volta che il timer si è fermato, rimuovere le salsicce e trasferire il sugo di cottura e l'uva in una casseruola a fuoco medio. Versare l'aceto balsamico e far bollire per 3 minuti. Condire con sale e pepe.

Riscaldare una padella a fuoco medio e rosolare le salsicce per 3-4 minuti. Servire con la salsa e l'uva.

Costolette dolci con salsa di soia al mango

Tempo di preparazione + cottura: 36 ore 25 minuti | Porzioni: 4

ingredienti

4 libbre di costine di maiale

Sale e pepe nero qb

1 tazza di succo di mango

¼ di tazza di salsa di soia

3 cucchiai di miele

1 cucchiaio di pasta all'aglio e peperoncino

1 cucchiaio di zenzero macinato

2 cucchiai di olio di cocco

1 cucchiaino di polvere di cinque spezie cinesi

1 cucchiaino di coriandolo macinato

Indicazioni

Preparare un bagnomaria e inserire il Sous Vide. Impostato su 146 F.

Condire le costine con sale e pepe e metterle in un sacchetto sigillabile sottovuoto. Rilasciare l'aria con il metodo dello spostamento dell'acqua, sigillare e immergere la sacca nel bagnomaria. Cuocere per 36 ore. Una volta che il timer si è fermato, rimuovere le costole e asciugare. Scartare i succhi di cottura.

Riscaldare una casseruola a fuoco medio e far bollire il succo di mango, la salsa di soia, il peperoncino, la pasta all'aglio, il miele, lo zenzero, l'olio di cocco, le cinque spezie e il coriandolo per 10 minuti fino a quando non saranno ridotti. Condire le costine con la salsa. Trasferire su una teglia e cuocere per 5 minuti in forno a 390 F.

Costolette dolci e zucchine con mandorle

Tempo di preparazione + cottura: 3 ore 15 minuti | Porzioni: 2

ingredienti

2 costolette di lonza di maiale

Sale e pepe nero qb

3 cucchiai di olio d'oliva

1 cucchiaio di succo di limone appena spremuto

2 cucchiaini di aceto di vino rosso

2 cucchiaini di miele

2 cucchiai di olio d'oliva

2 zucchine medie, tagliate a listarelle

2 cucchiai di mandorle tostate

Indicazioni

Preparare un bagnomaria e inserire il Sous Vide. Impostare a 138 F. Posizionare il maiale condito in un sacchetto sigillabile sottovuoto. Aggiungi 1 cucchiaio di olio d'oliva. Rilasciare l'aria con il metodo dello spostamento dell'acqua, sigillare e immergere la sacca nel bagnomaria. Cuocere per 3 ore.

Mescola succo di limone, miele, aceto e 2 cucchiai di olio d'oliva. Condire con sale e pepe. Una volta che il timer si è fermato, rimuovere il sacchetto e scartare i succhi di cottura. Scaldare l'olio di riso in una padella a fuoco alto e rosolare il maiale per 1 minuto per lato. Togliete dal fuoco e lasciate riposare per 5 minuti.

Per l'insalata, in una ciotola, mescolare le zucchine con il condimento. Condire con sale e pepe. Trasferire la carne di maiale in un piatto e servire con le zucchine. Guarnire con le mandorle.

Costolette di maiale con peperone e mais saltati in padella

Tempo di preparazione + cottura: 1 ora e 10 minuti | Porzioni: 4

ingredienti

4 costolette di maiale

1 peperone rosso piccolo, tagliato a dadini

1 cipolla gialla piccola, tagliata a dadini

2 tazze di chicchi di mais congelati

¼ di tazza di coriandolo

Sale e pepe nero qb

1 cucchiaio di timo

4 cucchiai di olio vegetale

Indicazioni

Preparare un bagnomaria e inserire il Sous Vide. Impostare a 138 F. Cospargere il maiale con sale e metterlo in un sacchetto sigillabile sottovuoto. Rilasciare l'aria con il metodo dello spostamento dell'acqua, sigillare e immergere la borsa a bagnomaria. Cuocere per 1 ora.

Scaldare l'olio in una padella a fuoco medio e rosolare la cipolla, il peperoncino e il mais. Condire con sale e pepe. Mescolare il coriandolo e il timo. Mettere da parte. Una volta che il timer si è fermato, rimuovere la carne di maiale e trasferirla nella padella calda. Rosolare per 1 minuto su ogni lato. Servire il maiale con verdure saltate.

Lonza di maiale cremosa al cognac

Tempo di preparazione + cottura: 4 ore 50 minuti | Porzioni: 4

ingredienti

3 libbre di lonza di maiale disossata arrosto

Sale qb

2 cipolle affettate sottilmente

¼ di tazza di cognac

1 tazza di latte

1 tazza di crema di formaggio

Indicazioni

Preparare un bagnomaria e posizionarvi sopra il sottovuoto. Impostare su 146 F. Condire il maiale con sale e pepe. Riscaldare una padella a fuoco medio e rosolare il maiale per 8 minuti. Mettere da parte. Mescolare la cipolla e cuocere per 5 minuti. Aggiungere il cognac e cuocere fino a quando non bolle. Lascia raffreddare per 10 minuti.

Mettere la carne di maiale, la cipolla, il latte e la panna in un sacchetto sigillabile sottovuoto. Rilasciare l'aria con il metodo dello spostamento dell'acqua, sigillare e immergere nel bagno d'acqua. Cuocere per 4 ore. Una volta che il timer si è fermato, rimuovere la carne di maiale. Mettere da parte, tenere al caldo. Scaldare una casseruola e versarvi il sugo di cottura. Mescolare per 10 minuti fino a quando non sobbollire. Condire con sale e pepe. Tagliare la carne di maiale e guarnire con salsa di panna per servire.

Stinco di maiale al pomodoro con carote

Tempo di preparazione + cottura: 48 ore e 30 minuti | Porzioni: 4

ingredienti

2 stinchi di maiale

1 (14,5 once) lattina di pomodori a cubetti con succo

1 tazza di brodo di manzo

1 tazza di cipolla tritata finemente

½ tazza di finocchio tagliato a dadini

½ tazza di carote tagliate a dadini

Sale qb

½ bicchiere di vino rosso

1 foglia di alloro

Indicazioni

Preparare un bagnomaria e inserire il Sous Vide. Impostare su 149 F. Rimuovere il grasso della pancia dagli stinchi e metterlo in un sacchetto sigillabile sottovuoto. Aggiungere gli ingredienti rimanenti. Liberare l'aria con il metodo dello spostamento dell'acqua, sigillare e immergere il sacchetto nel bagnomaria. Cuocere per 48 ore.

Una volta che il timer si è fermato, rimuovere il gambo e scartare la foglia di alloro. Riserva i succhi di cottura. Mettere lo stinco in una teglia e grigliare per 5 minuti fino a doratura. Riscaldare una casseruola a fuoco medio e incorporare il sugo di cottura. Cuocere per 10 minuti finché non si addensa. Condire il maiale con la salsa e servire.

Braciola di maiale con salsa al caffè speziato

Tempo di preparazione + cottura: 2 ore 50 minuti | Porzioni: 4

ingredienti

4 costolette di maiale con osso

1 cucchiaio di paprika in polvere

1 cucchiaio di caffè macinato

1 cucchiaio di zucchero di canna

1 cucchiaio di sale all'aglio

1 cucchiaio di olio d'oliva

Indicazioni

Preparare un bagnomaria e inserire il Sous Vide. Impostare su 146 F. Posizionare la carne di maiale in un sacchetto sigillabile sottovuoto. Rilasciare l'aria con il metodo dello spostamento dell'acqua, sigillare e immergere la sacca a bagnomaria. Cuocere per 2 ore e 30 minuti.

Nel frattempo, preparare la salsa mescolando bene la paprika in polvere, il caffè macinato, lo zucchero di canna e il sale all'aglio. Una volta che il timer si è fermato, rimuovere la carne di maiale e asciugarla.

Condire il maiale con la salsa. Scaldare l'olio in una padella a fuoco alto e rosolare il maiale per 1-2 minuti per lato. Lascia riposare per 5 minuti. Tagliate la carne di maiale a fette e servite.

Filetto Piccante

Tempo di preparazione + cottura: 3 ore 15 minuti | Porzioni: 4

iongredients

Filetto di maiale da 1 libbra, tagliato
Sale qb
½ cucchiaino di pepe nero
3 cucchiai di pasta di peperoncino

Indicazioni

Preparare un bagnomaria e inserire il Sous Vide. Impostato su 146 F.

Unire il filetto con sale e pepe e metterlo in un sacchetto sigillabile sottovuoto. Rilasciare l'aria con il metodo dello spostamento dell'acqua, sigillare e immergere la sacca nel bagnomaria. Cuocere per 3 ore.

Una volta che il timer si è fermato, rimuovere la carne di maiale e spennellare con pasta di peperoncino. Riscaldare una griglia a fuoco alto e rosolare il filetto per 5 minuti fino a doratura. Consenti il riposo. Tagliare il filetto a fette e servire.

Costolette di maiale salate con funghi

Tempo di preparazione + cottura: 65 minuti | Porzioni: 2

ingredienti

2 costolette di maiale con osso tagliate spesse

Sale e pepe nero qb

2 cucchiai di burro, freddo

100 g di funghi selvatici misti

¼ di tazza di sherry

½ tazza di brodo di manzo

1 cucchiaino di salvia

1 cucchiaio di bistecca marinata

Aglio tritato per guarnire

Indicazioni

Preparare un bagnomaria e inserire il Sous Vide. Impostato su 138 F.

Unire la carne di maiale con sale e pepe e metterla in un sacchetto sigillabile sottovuoto. Rilasciare l'aria con il metodo dello spostamento dell'acqua, sigillare e immergere la sacca nel bagnomaria. Cuocere per 45 minuti.

Una volta che il timer si è fermato, rimuovere la carne di maiale e asciugarla. Scartare i succhi di cottura. Scaldare 1 cucchiaio di burro in una padella a fuoco medio e rosolare il maiale per 1 minuto per lato. Trasferire in un piatto e mettere da parte.

Nella stessa padella calda, cuocere i funghi per 2-3 minuti. Mescolare lo sherry, il brodo, la salvia e la bistecca marinata fino a quando la salsa non si addensa. Aggiungere il burro rimasto e condire con sale e pepe; mescolare bene. Condire il maiale con la salsa e guarnire con erba cipollina all'aglio per servire.

Zuppa di pancetta e crema di mais

Tempo di preparazione + cottura: 1 ora e 15 minuti | Porzioni: 4

ingredienti

4 spighe di grano, i chicchi tagliati via

4 cucchiai di burro

1 tazza di latte

1 foglia di alloro

Sale e pepe bianco qb

4 fette di pancetta cotta croccante

2 cucchiai di erba cipollina tritata

Indicazioni

Preparare un bagnomaria e inserire il Sous Vide. Impostato su 186 F.

Unisci i chicchi di mais, il latte, le pannocchie di mais, 1 cucchiaio di sale, 1 cucchiaio di pepe bianco e la foglia di alloro. Mettere in un sacchetto sigillabile sottovuoto. Rilasciare l'aria con il metodo dello spostamento dell'acqua, sigillare e immergere la sacca nel bagnomaria. Cuocere per 1 ora.

Una volta che il timer si è fermato, estrai il sacchetto e rimuovi le pannocchie di mais e la foglia di alloro. Metti il composto in un frullatore in modalità purea per 1 minuto. Se vuoi una consistenza diversa aggiungi del latte. Condire con sale e pepe. Guarnire con pancetta ed erba cipollina per servire.

Spiedini di maiale con cumino e aglio

Tempo di preparazione + cottura: 4 ore 20 minuti | Porzioni: 4

ingredienti

1 libbra di spalla di maiale disossata, a cubetti

Sale qb

1 cucchiaio di noce moscata macinata

1 cucchiaio di aglio tritato

1 cucchiaino di cumino

1 cucchiaino di coriandolo

1 cucchiaino di aglio in polvere

1 cucchiaino di zucchero di canna

1 cucchiaino di pepe nero macinato fresco

1 cucchiaio di olio d'oliva

Indicazioni

Preparare un bagnomaria e inserire il Sous Vide. Impostare a 149 F. Spennellare la carne di maiale con sale, aglio, noce moscata, cumino, coriandolo, pepe e zucchero di canna e metterla in un sacchetto sigillabile sottovuoto. Rilasciare l'aria con il metodo dello spostamento dell'acqua, sigillare e immergere la sacca nel bagnomaria. Cuocere per 4 ore.

Riscalda una griglia a fuoco alto. Una volta che il timer si è fermato, rimuovere la carne di maiale e trasferirla sulla griglia. Rosolare per 3 minuti fino a doratura.

Fantastiche braciole di maiale con glassa al balsamico

Tempo di preparazione + cottura: 3 ore 20 minuti | Porzioni: 2

ingredienti

2 costolette di maiale

Sale e pepe nero qb

1 cucchiaio di olio d'oliva

4 cucchiai di aceto balsamico

2 cucchiaini di rosmarino fresco, tritato

Indicazioni

Preparare un bagnomaria e inserire il Sous Vide. Impostato su 146 F.

Unire la carne di maiale con sale e pepe e metterla in un sacchetto sigillabile sottovuoto. Rilasciare l'aria con il metodo dello spostamento dell'acqua, sigillare e immergere nel bagno d'acqua. Cuocere per 3 ore. Una volta che il timer si è fermato, rimuovere la carne di maiale e asciugarla.

Scaldare l'olio d'oliva in una padella e rosolare le costolette per 5 minuti fino a doratura. Aggiungere l'aceto balsamico e cuocere a fuoco lento. Ripeti il processo per 1 minuto. Impiattare e guarnire con salsa al rosmarino e balsamico.

Cavolo cappuccio rosso e patate con salsiccia

Tempo di preparazione + cottura: 2 ore 20 minuti | Porzioni: 4

ingredienti

½ cavolo cappuccio rosso, a fette

1 mela, tagliata a cubetti

24 once di patate rosse, tagliate in quarti

1 cipolla piccola, affettata

¼ di cucchiaino di sale di sedano

2 cucchiai di aceto di sidro

2 cucchiai di zucchero di canna

Pepe nero qb

1 libbra di salsiccia di maiale affumicata precotta, a fette

½ tazza di brodo di pollo

2 cucchiai di burro

Indicazioni

Preparare un bagnomaria e inserire il Sous Vide. Impostare su 186 F. Unire il cavolo, le patate, la cipolla, la mela, il sidro, lo zucchero di canna, il pepe nero, il sedano e il sale.

Mettere le salsicce e il composto in un sacchetto sigillabile sottovuoto. Rilasciare l'aria con il metodo dello spostamento dell'acqua, sigillare e immergere la sacca nel bagnomaria. Cuocere per 2 ore.

Scaldare il burro in una casseruola a fuoco medio. Una volta che il timer si è fermato, rimuovere la busta e trasferire il contenuto in una casseruola. Cuocere fino a quando il liquido evapora. Aggiungere il cavolo cappuccio, la cipolla e le patate e cuocere fino a doratura. Dividete il composto in piatti da portata.

Lombata di maiale alle mandorle

Tempo di preparazione + cottura: 3 ore 20 minuti | Porzioni: 2

ingredienti

3 cucchiai di olio d'oliva

3 cucchiai di senape

2 cucchiai di miele

Sale e pepe nero qb

2 costolette di lombo di maiale con osso

1 cucchiaio di succo di limone

2 cucchiaini di aceto di vino rosso

2 cucchiai di olio di canola

2 tazze di lattuga mista

2 cucchiai di pomodori secchi affettati sottilmente

2 cucchiaini di mandorle, tostate

Indicazioni

Preparare un bagnomaria e inserire il Sous Vide. Impostato su 138 F.

Unisci 1 cucchiaio di olio d'oliva, 1 cucchiaio di miele e 1 cucchiaio di senape e condisci con sale e pepe. Spennellate il lombo con il composto. Mettere in un sacchetto sigillabile sottovuoto. Rilasciare l'aria con il metodo dello spostamento dell'acqua, sigillare e immergere la sacca nel bagnomaria. Cuocere per 3 ore.

Nel frattempo, prepara il condimento mescolando il succo di limone, l'aceto, 2 cucchiai di olio d'oliva, 2 cucchiai di senape e il miele rimanente. Condire con sale e pepe. Una volta che il timer si è fermato, rimuovere il lombo. Scartare i succhi di cottura. Scaldare l'olio di canola in una padella a fuoco alto e rosolare il lombo per 30 secondi per lato. Lascia riposare per 5 minuti.

Per l'insalata unire in una ciotola la lattuga, i pomodori secchi e le mandorle. Mescolare 3/4 del condimento di lonza con il condimento e servire con l'insalata.

Piacevole Maiale in Salsa Verde

Tempo di preparazione + cottura: 24 ore 25 minuti | Porzioni: 8)

ingredienti

2 libbre di spalla di maiale disossata, a cubetti

Sale qb

1 cucchiaio di cumino macinato

1 cucchiaino di pepe nero macinato fresco

1 cucchiaio di olio d'oliva

Tomatillos da 1 libbra

3 peperoni poblano, seminati finemente e tagliati a dadini

½ cipolla bianca tritata finemente

1 serrano senza semi e tagliato a dadini

3 spicchi d'aglio schiacciati

1 mazzetto di coriandolo tritato grossolanamente

1 tazza di brodo di pollo

½ tazza di succo di lime

1 cucchiaio di origano

Indicazioni

Preparare un bagnomaria e inserire il Sous Vide. Impostare su 149 F. Condire il maiale con sale, cumino e pepe. Scaldare l'olio in una padella a fuoco alto e rosolare il maiale per 5-7 minuti. Mettere da parte. Nella stessa padella, cuocere i tomatillos, il poblano, la cipolla, il serrano e l'aglio per 5 minuti. Trasferisci in un robot da cucina e aggiungi coriandolo, succo di lime, brodo di pollo e origano. Frullare per 1 minuto.

Mettere la carne di maiale e la salsa in un sacchetto sigillabile sottovuoto. Rilasciare l'aria con il metodo dello spostamento dell'acqua, sigillare e immergere la sacca nel bagnomaria. Cuocere per 24 ore. Una volta che il timer si è fermato, rimuovere il sacchetto e trasferirlo nelle ciotole. Cospargere con sale e pepe. Servire con riso.

Costolette di maiale piccanti al cocco

Tempo di preparazione + cottura: 8 ore e 30 minuti | Porzioni: 4

ingredienti

1/3 di tazza di latte di cocco

2 cucchiai di burro di cocco

2 cucchiai di salsa di soia

2 cucchiai di zucchero di canna

2 cucchiai di vino bianco secco

1 gambo di citronella, tritato finemente

1 cucchiaio di salsa Sriracha

1 cucchiaio di zenzero fresco, grattugiato

2 spicchi d'aglio, affettati

2 cucchiaini di olio di sesamo

Costine di maiale disossate da 1 libbra

Coriandolo fresco tritato

Riso basmati cotto per servire

Indicazioni

Preparare un bagnomaria e inserire il Sous Vide. Impostato su 134 F.

In un robot da cucina, mescola il latte di cocco, il burro di cocco, la salsa di soia, lo zucchero di canna, il vino, la citronella, lo zenzero, la salsa sriracha, l'aglio e l'olio di sesamo, fino a che liscio.

Mettere le costine e spennellarle con il composto in un sacchetto sigillabile sottovuoto. Rilasciare l'aria con il metodo dello spostamento dell'acqua, sigillare e immergere la sacca nel bagnomaria. Cuocere per 8 ore.

Una volta che il timer si è fermato, rimuovere le costole e trasferirle su un piatto. Scaldare una casseruola a fuoco medio e versarvi il sugo di cottura. Cuocere per 10-15 minuti per cuocere a fuoco lento. Aggiungere le costolette alla salsa e mescolare bene. Cuocere per 5 minuti. Guarnire con il coriandolo e servire con il riso.

Juicy BBQ Baby Ribs

Tempo di preparazione + cottura: 16 ore 50 minuti | Porzioni: 5

ingredienti

Costolette di maiale da 4 libbre

3 ½ tazze di salsa barbecue

⅓ tazza di passata di pomodoro

4 scalogni, tritati

2 cucchiai di prezzemolo fresco tritato

Indicazioni

Preparare un bagnomaria e inserire il Sous Vide. Impostato su 162 F.

Mettere le costine separate in un sacchetto sigillabile sottovuoto con 3 tazze di salsa barbecue. Rilasciare l'aria con il metodo dello spostamento dell'acqua, sigillare e immergere la sacca nel bagnomaria. Cuocere per 16 ore.

In una ciotola, unire la restante salsa barbecue e la passata di pomodoro. Mettere da parte in frigo.

Una volta che il timer si è fermato, rimuovere le costole e asciugarle tamponando con carta da cucina. Scartare i succhi di cottura.

Preriscaldare il forno a 300 F. Spennellare le costine con la salsa barbecue su entrambi i lati e trasferire in forno. Infornate per 10 minuti. Spennellate ancora con la salsa e infornate per altri 30 minuti. Guarnire con scalogno e prezzemolo e servire.

Filetti Di Maiale All'aglio

Tempo di preparazione + cottura: 2 ore 8 minuti | Porzioni: 3

Ingredienti:

Filetto di maiale da 1 libbra

1 tazza di brodo vegetale

2 spicchi d'aglio, tritati

1 cucchiaino di aglio in polvere

3 cucchiaini di olio d'oliva

Sale e pepe nero qb

Indicazioni:

Preparare un bagnomaria, inserire il Sous Vide e impostare a 136 F.

Sciacquate bene la carne e asciugatela con carta assorbente. Strofinare con aglio in polvere, sale e pepe nero. Mettere in un grande sacchetto sigillabile sottovuoto insieme a brodo e aglio tritato. Sigilla il sacchetto e immergilo nel bagnomaria. Cuocere per 2 ore. Togli il filetto dalla busta e asciugalo tamponando con della carta assorbente.

Scaldare l'olio in una padella capiente. Rosolare il filetto per 2-3 minuti su ogni lato. Affettare la carne di maiale, disporla su un piatto, quindi versarvi sopra il succo della padella. Servire.

Filetto di maiale salato con timo e aglio

Tempo di preparazione + cottura: 2 ore e 25 minuti | Porzioni: 8

ingredienti

2 cucchiai di burro

1 cucchiaio di cipolla in polvere

1 cucchiaio di cumino macinato

1 cucchiaio di coriandolo

1 cucchiaio di rosmarino essiccato

Sale qb

1 (3 libbre) di filetto di maiale, senza pelle

1 cucchiaio di olio d'oliva

Indicazioni

Preparare un bagnomaria e inserire il Sous Vide. Impostato su 140 F.

Unisci la cipolla in polvere, il cumino, l'aglio in polvere, il rosmarino e il sale al lime. Spennellate la carne di maiale prima con olio d'oliva e sale, poi con il mix di cipolle.

Mettere in un sacchetto sigillabile sottovuoto. Rilasciare l'aria con il metodo dello spostamento dell'acqua, sigillare e immergere la sacca nel bagnomaria. Cuocere per 2 ore.

Una volta che il timer si è fermato, rimuovere la carne di maiale e asciugare tamponando con carta da cucina. Scartare i succhi di cottura. Scaldare il burro in una padella a fuoco alto e rosolare il maiale per 3-4 minuti fino a doratura su tutti i lati. Lasciar raffreddare per 5 minuti e tagliarli a medaglioni.

Costolette di maiale con salsa ai funghi

Tempo di preparazione + cottura: 1 ora e 10 minuti | Porzioni: 3

Ingredienti:

3 (8 oz) braciole di maiale

Sale e pepe nero qb

3 cucchiai di burro, non salato

200 g di funghi

½ tazza di brodo di manzo

2 cucchiai di salsa Worcestershire

3 cucchiai di erba cipollina all'aglio, tritata per guarnire

Indicazioni:

Fare un bagnomaria, inserire il Sous Vide e impostare a 140 F. Strofinare le braciole di maiale con sale e pepe e metterle in un sacchetto sigillabile sottovuoto. Rilasciare l'aria con il metodo dello spostamento dell'acqua, sigillare e immergere la sacca nel bagnomaria. Imposta il timer per 55 minuti.

Una volta che il timer si è fermato, rimuovere e aprire il sacchetto. Rimuovere la carne di maiale e asciugare tamponando con un tovagliolo di carta. Getta i succhi. Metti una padella a fuoco medio e aggiungi 1 cucchiaio di burro. Scottare il maiale per 2 minuti su entrambi i lati. Mettere da parte. Con la padella ancora sul fuoco, aggiungere i funghi e cuocere per 5 minuti. Spegnere il fuoco, aggiungere il burro rimanente e mescolare finché il burro non si scioglie. Condite con pepe e sale. Servire le costolette di maiale con sopra la salsa di funghi.

Salsicce Di Mele Dolci

Tempo di preparazione + cottura: 55 minuti | Porzioni: 4

ingredienti

¾ cucchiaino di olio d'oliva

4 salsicce italiane

4 cucchiai di succo di mela

Indicazioni

Preparare un bagnomaria e inserire il Sous Vide. Impostato su 162 F.

Mettere le salsicce e 1 cucchiaio di sidro per salsiccia in un sacchetto sigillabile sottovuoto. Rilasciare l'aria con il metodo dello spostamento dell'acqua, sigillare e immergere la sacca a bagnomaria. Cuocere per 45 minuti.

Scaldare l'olio in una padella a fuoco medio. Una volta che il timer si è fermato, rimuovere le salsicce e trasferirle nella padella e cuocere per 3-4 minuti, fino a doratura.

Tacos Di Maiale All'arancia Dolce

Tempo di preparazione + cottura: 7 ore 10 minuti | Porzioni: 8

ingredienti

½ tazza di succo d'arancia

4 cucchiai di miele

2 cucchiai di aglio fresco, tritato

2 cucchiai di zenzero fresco, tritato

2 cucchiai di salsa Worcestershire

2 cucchiaini di salsa hoisin

2 cucchiaini di salsa sriracha

Scorza di ½ arancia

1 libbra di spalla di maiale

8 tortillas di farina, scaldate

½ tazza di coriandolo fresco tritato

1 lime, tagliato a spicchi

Indicazioni

Preparare un bagnomaria e inserire il Sous Vide. Impostato su 175 F.

Unisci bene il succo d'arancia, 3 cucchiai di miele, aglio, zenzero, salsa Worcestershire, salsa hoisin, sriracha e scorza d'arancia.

Mettere la carne di maiale in un sacchetto sigillabile sottovuoto e aggiungere la salsa all'arancia. Rilasciare l'aria con il metodo dello spostamento dell'acqua, sigillare e immergere la sacca nel bagnomaria. Cuocere per 7 ore.

Una volta che il timer si è fermato, rimuovere la carne di maiale e trasferirla su una teglia. Riserva i succhi di cottura.

Scaldare una casseruola a fuoco medio e versarvi il succo con il miele rimanente. Cuocere per 5 minuti fino a quando bolle e ridotto della metà. Spennellate il maiale con la salsa. Riempi le tortillas con il maiale. Guarnire con coriandolo e guarnire con la salsa rimanente per servire.

Carnitas di maiale alla messicana con salsa roja

Tempo di preparazione + cottura: 49 ore 40 minuti | Porzioni: 8

ingredienti

3 cucchiai di olio d'oliva

2 cucchiai di fiocchi di peperone rosso

Sale qb

2 cucchiaini di peperoncino messicano caldo in polvere

2 cucchiaini di origano essiccato

½ cucchiaino di cannella in polvere

2¼ libbre di spalla di maiale disossata

4 pomodorini maturi, tagliati a dadini

¼ di cipolla rossa, a dadini

¼ di tazza di foglie di coriandolo, tritate

Succo di limone appena spremuto

8 tortillas di mais

Indicazioni

Unisci bene i fiocchi di peperoncino, il sale kosher, la polvere di peperoncino messicano piccante, l'origano e la cannella.

Spennellare la miscela di peperoncino sulla carne di maiale e coprire con un foglio di alluminio. Lasciar raffreddare per 1 ora.

Preparare un bagnomaria e posizionarvi sopra il sottovuoto. Impostare su 159 F. Posizionare la carne di maiale in un sacchetto sigillabile sottovuoto. Rilasciare l'aria con il metodo dello spostamento dell'acqua, sigillare e immergere nel bagno d'acqua. Cuocere per 48 ore. 15 minuti Prima della fine, mescola i pomodori, la cipolla e il coriandolo. Aggiungere il succo di limone e il sale.

Una volta che il timer si è fermato, rimuovere la busta e trasferire il maiale su un tagliere. Scartare i succhi di cottura. Tirare la carne fino a quando non è sminuzzata. Scaldare l'olio vegetale in una padella a fuoco medio e cuocere il maiale sminuzzato fino a ottenere parti croccanti e croccanti. Riempi la tortilla con il maiale. Completare con salsa roja e servire.

Tacos di pollo al peperoncino e chorizo con formaggio

Tempo di preparazione + cottura: 3 ore 25 minuti | Porzioni: 8

ingredienti

2 salsicce di maiale, i rigetti rimossi

1 peperone poblano, privato dei semi e dei semi

½ peperone jalapeño, privato dei semi e del gambo

4 scalogni, tritati

1 mazzetto di foglie di coriandolo fresco

½ tazza di prezzemolo fresco tritato

3 spicchi d'aglio

2 cucchiai di succo di lime

1 cucchiaino di sale

¾ cucchiaino di coriandolo macinato

¾ cucchiaino di cumino macinato

4 petti di pollo disossati e senza pelle, a fette

1 cucchiaio di olio vegetale

½ cipolla gialla, tagliata a fettine sottili

8 gusci di taco di mais

3 cucchiai di provolone

1 pomodoro

1 lattuga iceberg, sminuzzata

Indicazioni

Mettere ½ tazza di acqua, pepe poblano, peperoncino jalapeño, scalogno, coriandolo, prezzemolo, aglio, succo di lime, sale, coriandolo e cumino in un frullatore e mescolare fino a che liscio. Mettere le strisce di pollo e il composto di pepe in un sacchetto sigillabile sottovuoto. Trasferite in frigo e lasciate raffreddare per 1 ora.

Preparare un bagnomaria e posizionarvi sopra il sottovuoto. Impostare su 141 F. Mettere il mix di pollo nella vasca da bagno. Cuocere per 1 ora e 30 minuti.

Scaldare l'olio in una padella a fuoco medio e rosolare la cipolla per 3 minuti. Aggiungere il chorizo e cuocere per 5-7 minuti. Una volta che il timer si è fermato, rimuovere il pollo. Scartare i succhi di cottura. Aggiungere il pollo e mescolare bene. Riempi le tortillas con la miscela di pollo e chorizo. Completare con formaggio, pomodoro e lattuga. Servire.

Pollo con verdure

Tempo di preparazione + cottura: 2 ore e 15 minuti | Porzioni: 2

Ingredienti:

Petti di pollo da 1 libbra, disossati e senza pelle

1 tazza di peperone rosso, affettato

1 tazza di peperone verde, affettato

1 tazza di zucchine, affettate

½ tazza di cipolla, tritata finemente

1 tazza di cimette di cavolfiore

½ tazza di succo di limone appena spremuto

½ tazza di brodo di pollo

½ cucchiaino di zenzero macinato

1 cucchiaino di sale rosa dell'Himalaya

Indicazioni:

In una ciotola, unisci il succo di limone con il brodo di pollo, lo zenzero e il sale. Mescolare bene e aggiungere le verdure a fette. Mettere da parte. Sciacquare bene il petto di pollo sotto l'acqua corrente fredda. Usando un coltello da cucina affilato, taglia la carne a pezzetti.

Unite gli altri ingredienti e mescolate bene. Trasferire in un grande sacchetto sigillabile sottovuoto e sigillare. Cuocere en Sous Vide per 2 ore a 167 F. Servire immediatamente.

Easy Spicy-Honey Chicken

Tempo di preparazione + cottura: 1 ora e 45 minuti | Porzioni: 4

ingredienti

8 cucchiai di burro

8 spicchi d'aglio, tritati

6 cucchiai di salsa piccante

1 cucchiaino di cumino

4 cucchiai di miele

Succo di 1 lime

Sale e pepe nero qb

4 petti di pollo disossati e senza pelle

Indicazioni

Preparare un bagnomaria e inserire il Sous Vide. Impostato su 141 F.

Riscaldare una casseruola a fuoco medio e mettere il burro, l'aglio, il cumino, la salsa al peperoncino, lo zucchero, il succo di lime e un pizzico di sale e pepe. Cuocere per 5 minuti. Mettere da parte e lasciare raffreddare.

Unire il pollo con sale e pepe e metterlo in 4 buste sottovuoto con la marinata. Rilasciare l'aria con il metodo dello spostamento dell'acqua, sigillare e immergere i sacchetti nel bagnomaria. Cuocere per 1 ora e 30 minuti.

Una volta che il timer si è fermato, rimuovere il pollo e asciugarlo tamponando con carta da cucina. Riservare la metà del sugo di cottura di ogni busta e trasferirla in una pentola a fuoco medio. Cuocere fino a quando la salsa non sobbollisce, quindi inserire il pollo e cuocere per 4 minuti. Rimuovere il pollo e tagliarlo a fette. Servire con riso.

Cordon Bleu Di Pollo Classico

Prep + Tempo di cottura: 1 ora e 50 minuti + Tempo di raffreddamento | Porzioni: 4

ingredienti

½ tazza di burro

4 petti di pollo disossati e senza pelle

Sale e pepe nero qb

1 cucchiaino di pepe di cayenna

4 spicchi d'aglio, tritati

8 fette di prosciutto

8 fette di Emmental

Indicazioni

Preparare un bagnomaria e inserire il Sous Vide. Impostare su 141 F. Condire il pollo con sale e pepe. Coprite con pellicola trasparente e arrotolate. Mettere da parte e lasciar raffreddare.

Riscaldare una casseruola a fuoco medio e aggiungere un po 'di pepe nero, pepe di Caienna, 1/4 tazza di burro e aglio. Cuocere fino a quando il burro si scioglie. Trasferisci in una ciotola.

Strofina il pollo su un lato con la miscela di burro. Quindi adagiare 2 fette di prosciutto e 2 fette di formaggio e coprirle. Arrotolate ogni petto con la pellicola e trasferite in frigo per 2-3 ore o in freezer per 20-30 minuti.

Metti il petto in due buste sigillabili sottovuoto. Rilasciare l'aria con il metodo dello spostamento dell'acqua, sigillare e immergere i sacchetti nel bagnomaria. Cuocere per 1 ora e 30 minuti.

Una volta che il timer si è fermato, rimuovere i seni e togliere la plastica. Riscaldare il burro rimanente in una padella a fuoco medio e rosolare il pollo per 1-2 minuti per lato.

Pollo Fritto In Casa Croccante

Tempo di preparazione + cottura: 3 ore 20 minuti | Porzioni: 8)

ingredienti

½ cucchiaio di basilico essiccato

2¼ tazze di panna acida

8 cosce di pollo

Sale e pepe bianco qb

½ tazza di olio vegetale

3 tazze di farina

2 cucchiai di aglio in polvere

1 ½ cucchiaio di pepe rosso di Cayenna in polvere

1 cucchiaio di senape secca

Indicazioni

Preparare un bagnomaria e inserire il Sous Vide. Impostare su 156 F. Condire il sale di pollo e metterlo in un sacchetto sigillabile sottovuoto. Rilasciare l'aria con il metodo dello spostamento dell'acqua, sigillare e immergere nel bagno d'acqua. Cuocere per 3 ore. Una volta che il timer si è fermato, rimuovere il pollo e asciugarlo tamponando con carta da cucina.

Unisci sale, farina, aglio in polvere, pepe bianco, pepe di cayenna in polvere, senape, pepe bianco e basilico in una ciotola. Metti la panna acida in un'altra ciotola.

Immergere il pollo nella miscela di farina, poi nella panna acida e di nuovo nella miscela di farina. Scaldare l'olio in una padella a fuoco medio. Mettere nelle bacchette e cuocere per 3-4 minuti fino a renderle croccanti. Servire.

Petti Di Pollo Piccanti

Tempo di preparazione + cottura: 1 ora e 40 minuti | Porzioni: 4

ingredienti

½ tazza di salsa piccante

2 cucchiai di burro

1 cucchiaio di aceto bianco

1 cucchiaio di aceto di champagne

4 petti di pollo, tagliati a metà

Sale e pepe nero qb

Indicazioni

Preparare un bagnomaria e inserire il Sous Vide. Impostato su 141 F.

Riscaldare una casseruola a fuoco medio e unire la salsa al peperoncino, 1 cucchiaio di burro e l'aceto. Cuocere fino a quando il burro si sarà sciolto. Mettere da parte.

Condire il pollo con sale e pepe e metterlo in due buste sigillabili sottovuoto con il preparato al peperoncino. Rilasciare l'aria con il metodo dello spostamento dell'acqua, sigillare e immergere i sacchetti nel bagnomaria. Cuocere per 1 ora e 30 minuti.

Una volta che il timer si è fermato, rimuovere il pollo e trasferirlo su una teglia. Scartare i succhi di cottura. Riscaldare il burro rimanente in una padella a fuoco alto e rosolare il pollo 1 minuto per lato. Tagliare a strisce. Servire con insalata.

Involtini di lattuga salati con pollo allo zenzero e peperoncino

Tempo di preparazione + cottura: 1 ora e 45 minuti | Porzioni: 5

ingredienti

½ tazza di salsa hoisin

½ tazza di salsa al peperoncino dolce

3 cucchiai di salsa di soia

2 cucchiai di zenzero grattugiato

2 cucchiai di zenzero macinato

1 cucchiaio di zucchero di canna

2 spicchi d'aglio, tritati

Succo di 1 lime

4 petti di pollo, tagliati a cubetti

Sale e pepe nero qb

12 foglie di lattuga, sciacquate

⅛ tazza di semi di papavero

4 erba cipollina

Indicazioni

Preparare un bagnomaria e posizionarvi sopra il sottovuoto. Impostare su 141 F. Unire salsa chili, zenzero, salsa di soia, zucchero di canna, aglio e metà del succo di lime. Riscaldare una casseruola a fuoco medio e versarvi il composto. Cuocere per 5 minuti. Mettere da parte.

Condire i petti con sale e pepe. Disporli in uno strato uniforme in un sacchetto sigillabile sottovuoto con il composto di salsa al peperoncino. Rilasciare l'aria con il metodo dello spostamento dell'acqua, sigillare e immergere la sacca nel bagnomaria. Cuocere per 1 ora e 30 minuti.

Una volta che il timer si è fermato, rimuovere il pollo e asciugarlo tamponando con carta da cucina. Scartare i succhi di cottura. Unire la salsa hoisin ai cubetti di pollo e mescolare bene. Crea mucchietti di 6 foglie di lattuga.

Condividere il pollo tra le foglie di lattuga e guarnire con i semi di papavero e l'erba cipollina prima di avvolgerlo.

Petti Di Pollo Al Limone Aromatici

Tempo di preparazione + cottura: 1 ora e 50 minuti | Porzioni: 4

ingredienti

3 cucchiai di burro

4 petti di pollo disossati e senza pelle

Sale e pepe nero qb

Scorza e succo di 1 limone

¼ di tazza di panna

2 cucchiai di brodo di pollo

1 cucchiaio di foglie di salvia fresca tritate

1 cucchiaio di olio d'oliva

3 spicchi d'aglio, tritati

1/4 tazza di cipolle rosse, tritate

1 limone grande, tagliato a fettine sottili

Indicazioni

Preparare un bagnomaria e inserire il Sous Vide. Impostare a 141 F. Condire il petto con sale e pepe.

Riscaldare una casseruola a fuoco medio e unire il succo e la scorza di limone, la panna, 2 cucchiai di burro, il brodo di pollo, la salvia, l'olio d'oliva, l'aglio e le cipolle rosse. Cuocere fino a quando il burro si sarà sciolto. Mettere i petti in 2 buste sigillabili sottovuoto con la miscela di burro e limone. Aggiungete le fettine di limone. Rilasciare l'aria con il metodo dello spostamento dell'acqua, sigillare e immergere i sacchetti nella vasca da bagno. Cuocere per 90 minuti.

Una volta che il timer si è fermato, rimuovere i petti e asciugarli con carta da cucina. Eliminare i succhi di cottura. Riscaldare il burro rimanente in una padella e rosolare i petti per 1 minuto per lato. Tagliate i petti a listarelle. Servire con riso.

Pollo alla senape e all'aglio

Tempo di preparazione + cottura: 60 minuti | Porzioni: 5

Ingredienti:

17 once di petti di pollo

1 cucchiaio di senape di Digione

2 cucchiai di senape in polvere

2 cucchiaini di salsa di pomodoro

3 cucchiai di burro

1 cucchiaino di sale

3 cucchiaini di aglio tritato

¼ di tazza di salsa di soia

Indicazioni:

Preparare un bagnomaria e inserire il Sous Vide. Impostare su 150 F. Mettere tutti gli ingredienti in un sacchetto sigillabile sottovuoto e agitare per amalgamare. Rilasciare l'aria con il metodo dello spostamento dell'acqua, sigillare e immergere la sacca a bagnomaria. Imposta il timer per 50 minuti. Una volta che il timer si è fermato, rimuovere il pollo e affettarlo. Servire caldo.

Pollo intero

Tempo di preparazione + cottura: 6 ore 40 minuti | Porzioni: 6

Ingredienti:

1 pollo intero medio

3 spicchi d'aglio

3 once di gambo di sedano tritato

3 cucchiai di senape

Sale e pepe nero qb

1 cucchiaio di burro

Indicazioni:

Preparare un bagnomaria e inserire il Sous Vide. Impostare su 150 F. Unire tutti gli ingredienti in un sacchetto sigillabile sottovuoto. Rilasciare l'aria con il metodo dello spostamento dell'acqua, sigillare e immergere la sacca nella vasca da bagno. Imposta il timer per 6 ore e 30 minuti. Una volta cotto, lasciare raffreddare leggermente il pollo prima di tagliarlo.

Deliziose ali di pollo con salsa di bufala

Tempo di preparazione + cottura: 3 ore | Porzioni: 3

ingredienti

3 libbre di ali di pollo al cappone

2½ tazze di salsa di bufala

1 mazzetto di prezzemolo fresco

Indicazioni

Preparare un bagnomaria e inserire il Sous Vide. Impostato su 148 F.

Unire le ali di cappone con sale e pepe. Mettilo in un sacchetto sigillabile sottovuoto con 2 tazze di salsa di bufala. Rilasciare l'aria con il metodo dello spostamento dell'acqua, sigillare e immergere la sacca nel bagnomaria. Cuocere per 2 ore. Riscalda il forno per cuocere alla griglia.

Una volta che il timer si è fermato, rimuovere le ali e trasferirle in una ciotola. Versare la restante salsa di bufala e mescolare bene. Trasferire le ali su una teglia con un foglio di alluminio e coprire con la salsa rimanente. Infornare per 10 minuti girando almeno una volta. Guarnire con il prezzemolo.

Gustose cosce di pollo con salsa dolce al lime

Tempo di preparazione + cottura: 14 ore e 30 minuti | Porzioni: 8

ingredienti

¼ di tazza di olio d'oliva

12 cosce di pollo

4 peperoni rossi, tritati

6 cipollotti, tritati

4 spicchi d'aglio, tritati

1 oz di zenzero fresco, tritato

½ tazza di salsa Worcestershire

¼ di tazza di succo di lime

2 cucchiai di scorza di lime

2 cucchiai di zucchero

2 cucchiai di foglie di timo fresco

1 cucchiaio di pimento

Sale e pepe nero qb

1 cucchiaino di noce moscata macinata

Indicazioni

Metti in un robot da cucina i peperoni, le cipolle, l'aglio, lo zenzero, la salsa Worcestershire, l'olio d'oliva, il succo di lime e la scorza, lo zucchero, il timo, il pimento, il sale, il pepe nero e la noce moscata. e si fondono. Riserva 1/4 tazza di salsa.

Mettere la salsa di pollo e lime in un sacchetto richiudibile sottovuoto. Rilasciare l'aria con il metodo dello spostamento dell'acqua. Trasferite in frigo e lasciate marinare per 12 ore.

Preparare un bagnomaria e inserire il Sous Vide. Impostare su 152 F. Sigillare e immergere la sacca nel bagnomaria. Cuocere per 2 ore. Una volta che il timer si è fermato, rimuovere il pollo e asciugarlo tamponando con carta da cucina. Eliminare i succhi di cottura. Spennellare il pollo con la salsa al lime riservata. Riscaldare una padella a fuoco alto e rosolare il pollo per 30 secondi per lato.

Petti di pollo con salsa cajun

Tempo di preparazione + cottura: 1 ora 55 minuti | Porzioni: 4

ingredienti

2 cucchiai di burro

4 petti di pollo disossati e senza pelle

Sale e pepe nero qb

1 cucchiaino di cumino

½ tazza di marinata di pollo Cajun

Indicazioni

Preparare un bagnomaria e inserire il Sous Vide. Impostare a 141 F. Condire i petti con sale e pepe e metterli in due buste sigillabili sottovuoto con la salsa cajun. Rilasciare l'aria con il metodo dello spostamento dell'acqua, sigillare e immergere i sacchetti nel bagnomaria. Cuocere per 1 ora e 30 minuti.

Una volta che il timer si è fermato, rimuovere il pollo e asciugarlo. Scartare i succhi di cottura. Scaldare il burro in una padella a fuoco vivace e cuocere il petto per 1 minuto per lato. Affetta il petto e servi.

Sriracha Petti Di Pollo

Tempo di preparazione + cottura: 1 ora 55 minuti | Porzioni: 4

ingredienti

8 cucchiai di burro, a cubetti

Petti di pollo senza pelle disossati da 1 libbra

Sale e pepe nero qb

1 cucchiaino di noce moscata

1 tazza e mezzo di salsa sriracha

Indicazioni

Preparare un bagnomaria e inserire il Sous Vide. Impostato su 141 F.

Condire i petti con sale, noce moscata e pepe e. mettere in due sacchetti sigillabili sottovuoto con salsa sriracha. Rilasciare l'aria con il metodo dello spostamento dell'acqua, sigillare e immergere i sacchetti nel bagnomaria. Cuocere per 1 ora e 30 minuti.

Una volta che il timer si è fermato, rimuovere il pollo e asciugarlo tamponando con carta da cucina. Eliminare i succhi di cottura. Scaldare il burro in una padella a fuoco vivace e cuocere i petti per 1 minuto per lato. Taglia il petto a pezzetti.

Pollo al prezzemolo con salsa al curry

Tempo di preparazione + cottura: 2 ore 35 minuti | Porzioni: 4

ingredienti

4 petti di pollo disossati e senza pelle

Sale e pepe nero qb

1 cucchiaio di timo

1 cucchiaio di prezzemolo

5 tazze di salsa al curry al burro

Indicazioni

Preparare un bagnomaria e inserire il Sous Vide. Impostato su 141 F.

Condisci il pollo con sale, timo, prezzemolo e pepe. Mettere in due buste sigillabili sottovuoto con la salsa. Rilasciare l'aria con il metodo dello spostamento dell'acqua, sigillare e immergere i sacchetti nel bagnomaria. Cuocere per 1 ora e 30 minuti.

Una volta che il timer si è fermato, rimuovere il pollo e asciugarlo tamponando con carta da cucina. Riserva i succhi di cottura. Riscaldare una casseruola a fuoco vivace e versarvi il succo. Cuocere per 10 minuti fino a quando non si sarà ridotto. Tagliate il pollo a pezzi e aggiungeteli alla salsa. Cuocere per 2-3 minuti. Servite subito.

petto di pollo in crosta di parmigiano

Tempo di preparazione + cottura: 65 minuti | Porzioni: 4

Ingredienti:

2 petti di pollo, senza pelle e disossati

1 ½ tazza di pesto di basilico

½ tazza di noci di macadamia, macinate

¼ di tazza di parmigiano grattugiato

3 cucchiai di olio d'oliva

Indicazioni:

Fare un bagnomaria, inserire il Sous Vide e impostare a 65 F. Tagliare il pollo a pezzetti e ricoprirlo con il pesto. Posizionare il pollo piatto in due sacchetti sottovuoto separati senza sovrapporli.

Rilasciare l'aria con il metodo dello spostamento dell'acqua e sigillare i sacchetti. Immergili nel bagnomaria e imposta il timer per 50 minuti. Una volta che il timer si è fermato, rimuovere e aprire i sacchetti.

Trasferisci i pezzi di pollo in un piatto senza i succhi. Cospargere con noci di macadamia e formaggio e ricoprire bene. Metti una padella a fuoco alto, aggiungi l'olio d'oliva. Una volta che l'olio si è riscaldato, friggi velocemente il pollo ricoperto per 1 minuto tutto intorno. Scolare il grasso. Servire come primo piatto.

Pollo macinato con pomodori

Tempo di preparazione + cottura: 100 minuti | Porzioni: 4

Ingredienti:

1 libbra di pollo macinato

2 cucchiai di concentrato di pomodoro

¼ di tazza di brodo di pollo

¼ di tazza di succo di pomodoro

1 cucchiaio di zucchero bianco

1 cucchiaino di timo

1 cucchiaio di cipolla in polvere

½ cucchiaino di origano

Indicazioni:

Preparare un bagnomaria e inserire il Sous Vide. Impostato su 147 F.

Sbatti insieme tutti gli ingredienti tranne il pollo, in una casseruola. Cuocere a fuoco medio per 2 minuti. Trasferire in un sacchetto sigillabile sottovuoto. Rilasciare l'aria con il metodo dello spostamento dell'acqua, sigillare e immergere la sacca nella vasca da bagno. Cuocere per 80 minuti. Una volta fatto, rimuovere la busta e affettare. Servire caldo.

Spezzatino di pollo con funghi

Tempo di preparazione + cottura: 1 ora 5 minuti | Porzioni: 2

Ingredienti:

2 cosce di pollo di media grandezza, senza pelle

½ tazza di pomodori arrostiti a dadini

½ tazza di brodo di pollo

1 cucchiaio di concentrato di pomodoro

½ tazza di funghi champignon, tritati

1 gambo di sedano di media grandezza

1 carota piccola, tritata

1 cipolla piccola, tritata

1 cucchiaio di basilico fresco, tritato finemente

1 spicchio d'aglio, schiacciato

Sale e pepe nero qb

Indicazioni:

Fare un bagnomaria, inserire Sous Vide e impostare a 129 F. Strofinare le cosce con sale e pepe. Mettere da parte. Tritare il gambo di sedano in pezzi lunghi mezzo pollice.

Ora, metti la carne in un grande sacchetto sigillabile sottovuoto insieme a cipolla, carota, funghi, gambo di sedano e pomodori arrostiti. Immergere la busta sigillata nel bagnomaria e impostare il timer per 45 minuti.

Una volta che il timer si è fermato, rimuovere la borsa dal bagnomaria e aprirla. La carne dovrebbe staccarsi facilmente dall'osso, quindi rimuovi le ossa.

Scalda un po 'd'olio in una casseruola di medie dimensioni e aggiungi l'aglio. Friggere brevemente per circa 3 minuti, mescolando continuamente. Aggiungere il contenuto della busta, il brodo di pollo e il concentrato di pomodoro. Portalo a ebollizione e abbassa la fiamma a una temperatura media. Cuocere per altri 5 minuti, mescolando di tanto in tanto. Servire cosparso di basilico.

Petto di pollo senza scottatura più semplice

Tempo di preparazione + cottura: 75 minuti | Porzioni: 3

Ingredienti:

1 libbra di petto di pollo, disossato

Sale e pepe nero qb

1 cucchiaino di aglio in polvere

Indicazioni:

Fare un bagnomaria, inserire il Sous Vide e impostarlo a 150 F. Asciugare i petti di pollo e condire con sale, aglio in polvere e pepe. Metti il pollo in un sacchetto sigillabile sottovuoto, rilascia l'aria con il metodo dello spostamento dell'acqua e sigillalo.

Mettere in acqua e impostare il timer per cuocere per 1 ora. Una volta che il timer si è fermato, rimuovere e aprire il sacchetto. Rimuovere il pollo e lasciar raffreddare per un uso successivo.

Cosce Di Pollo All'arancia

Tempo di preparazione + cottura: 2 ore | Porzioni: 4

Ingredienti:

2 libbre di cosce di pollo

2 peperoncini piccoli, tritati finemente

1 tazza di brodo di pollo

1 cipolla, tritata

½ tazza di succo d'arancia appena spremuto

1 cucchiaino di estratto di arancia, liquido

2 cucchiai di olio vegetale

1 cucchiaino di miscela di condimento per barbecue

Prezzemolo fresco per guarnire

Indicazioni:

Fare un bagnomaria, inserire Sous Vide e impostare su 167 F.

Scaldare l'olio d'oliva in una grande casseruola. Aggiungere le cipolle tritate e saltare in padella per 3 minuti, a temperatura media, fino a quando non diventano traslucide.

In un robot da cucina, unisci il succo d'arancia con il peperoncino e l'estratto di arancia. Frullare fino a quando non sarà ben amalgamato. Versate il composto in una casseruola e abbassate la fiamma. Fai bollire per 10 minuti.

Rivestire il pollo con la miscela di condimento per barbecue e metterlo in una casseruola. Aggiungere il brodo di pollo e cuocere fino a quando metà del liquido evapora. Rimuovere in un grande sacchetto sigillabile sottovuoto e sigillare. Immergere la busta a bagnomaria e cuocere per 45 minuti. Una volta che il timer si è fermato, rimuovere la borsa dal bagnomaria e aprirla. Guarnire con prezzemolo fresco e servire.

Pollo al timo con limone

Tempo di preparazione + cottura: 2 ore e 15 minuti | Porzioni: 3

Ingredienti:

3 cosce di pollo

Sale e pepe nero qb

3 fette di limone

3 rametti di timo

3 cucchiai di olio d'oliva per rosolare

Indicazioni:

Fare un bagnomaria, inserire il Sous Vide e impostare a 165 F. Condire il pollo con sale e pepe. Completare con fette di limone e rametti di timo. Metterli in un sacchetto sigillabile sottovuoto, rilasciare aria con il metodo dello spostamento dell'acqua e sigillare il sacchetto. Immergere nella sacca d'acqua e impostare il timer per 2 ore.

Una volta che il timer si è fermato, rimuovere e aprire il sacchetto. Scaldare l'olio d'oliva in una padella di ghisa a fuoco alto. Mettere le cosce di pollo, la pelle nella padella e rosolare fino a doratura. Guarnire con spicchi di limone extra. Servire con un contorno di riso cauli.

Insalata Di Pollo Al Pepe

Tempo di preparazione + cottura: 1 ora e 15 minuti | Porzioni: 4

Ingredienti:

4 petti di pollo, disossati e senza pelle

¼ di tazza di olio vegetale più tre cucchiai per insalata

1 cipolla di media grandezza, sbucciata e tritata finemente

6 pomodorini, tagliati a metà

Sale e pepe nero qb

1 tazza di lattuga, tritata finemente

2 cucchiai di succo di limone appena spremuto

Indicazioni:

Fare un bagnomaria, inserire Sous Vide e impostare su 149 F.

Sciacquate bene la carne sotto l'acqua fredda e asciugatela tamponando con carta da cucina. Tagliare la carne a pezzetti e metterla in un sacchetto sigillabile sottovuoto insieme a ¼ di tazza di olio e sigillare. Immergi la borsa nel bagnomaria. Una volta che il timer si è fermato, togli il pollo dalla busta, asciugalo e lascialo raffreddare a temperatura ambiente.

In una grande ciotola mescola la cipolla, i pomodori e la lattuga. Infine, aggiungi i petti di pollo e condisci con tre cucchiai di olio, succo di limone e un po 'di sale a piacere. Completare con yogurt greco e olive. Tuttavia, è facoltativo. Servire freddo.

Pollo intero

Tempo di preparazione + cottura: 7 ore 15 minuti | Porzioni: 6

Ingredienti:

1 (5 libbre) di pollo intero, a capriate

5 tazze di brodo di pollo

3 tazze di peperoni misti, a dadini

3 tazze di sedano, a dadini

3 tazze di porri, a dadini

1 ¼ cucchiaino di sale

1 ¼ cucchiaino di pepe nero in grani

2 foglie di alloro

Indicazioni:

Fare un bagnomaria, inserire il sottovuoto e impostare a 150 F. Condire il pollo con sale.

Metti tutti gli ingredienti elencati e il pollo in una busta richiudibile sottovuoto. Rilasciare l'aria con il metodo dello spostamento dell'acqua e sigillare il sacchetto del vuoto. Immergere in bagnomaria e impostare il timer per 7 ore.

Coprire l'acqua con un sacchetto di plastica per ridurre l'evaporazione e l'acqua ogni 2 ore per il bagno. Una volta che il timer si è fermato, rimuovere e aprire il sacchetto. Preriscaldare una griglia, rimuovere con cura il pollo e asciugare tamponando. Metti il pollo nella griglia e cuoci finché la pelle non è dorata. Fate riposare il pollo per 8 minuti, affettatelo e servitelo.

Cosce Di Pollo Piccanti Semplici

Tempo di preparazione + cottura: 2 ore 55 minuti | Porzioni: 6

Ingredienti:

1 libbra di cosce di pollo, con osso

3 cucchiai di burro

1 cucchiaio di pepe di cayenna

Sale qb

Indicazioni:

Fare un bagnomaria, inserire Sous Vide e impostare a 165 F. Condire il pollo con pepe e sale. Mettere il pollo con un cucchiaio di burro in un sacchetto sigillabile sottovuoto. Rilasciare l'aria con il metodo dello spostamento dell'acqua, sigillare e immergere la sacca nel bagnomaria. Imposta il timer per 2 ore e 30 minuti.

Una volta che il timer si è fermato, rimuovere il sacchetto e aprirlo. Preriscaldare una griglia e sciogliere il burro rimanente nel microonde. Ungere la griglia con un po 'di burro e spennellare il pollo con il burro rimasto. Rosolare fino a ottenere il colore marrone scuro. Servire come spuntino.

alette di pollo "Buffalo

Tempo di preparazione + cottura: 1 ora e 20 minuti | Porzioni: 6

Ingredienti:

3 libbre di ali di pollo

3 cucchiaini di sale

2 cucchiaini di aglio macinato

2 cucchiai di paprika affumicata

1 cucchiaino di zucchero

½ tazza di salsa piccante

5 cucchiai di burro

2 ½ tazze di farina di mandorle

Olio d'oliva per friggere

Indicazioni:

Fare un bagnomaria, posizionare Sous Vide e impostare su 144 F.

Unire le ali, l'aglio, il sale, lo zucchero e la paprika affumicata.
Ricopri il pollo in modo uniforme. Mettere in una busta richiudibile
sottovuoto di grandi dimensioni, rilasciare l'aria con il metodo dello
spostamento dell'acqua e sigillare la busta.

Immergiti nell'acqua. Imposta il timer per cuocere per 1 ora. Una volta che il timer si è fermato, rimuovere e aprire il sacchetto. Versare la farina in una grande ciotola, aggiungere il pollo e mescolare per ricoprire.

Scaldare l'olio in una padella a fuoco medio, friggere il pollo fino a doratura. Rimuovere e mettere da parte. In un'altra padella fate sciogliere il burro e aggiungete la salsa piccante. Cospargere le ali con burro e salsa piccante. Servire come antipasto

Polpette Di Pollo Tagliuzzate

Tempo di preparazione + cottura: 3 ore 15 minuti | Porzioni: 5

Ingredienti:

½ libbra di petto di pollo, senza pelle e disossato

½ tazza di noci di macadamia, macinate

⅓ tazza di maionese all'olio d'oliva

3 cipolle verdi, tritate finemente

2 cucchiai di succo di limone

Sale e pepe nero qb

3 cucchiai di olio d'oliva

Indicazioni:

Fare un bagnomaria, inserire il Sous Vide e impostare a 165 F. Mettere il pollo in un sacchetto sigillabile sottovuoto, rilasciare l'aria con il metodo dello spostamento dell'acqua e sigillarlo. Metti la borsa a bagnomaria e imposta il timer per 3 ore. Una volta che il timer si è fermato, rimuovere e aprire il sacchetto.

Sminuzza il pollo e aggiungilo in una ciotola insieme a tutti gli altri ingredienti tranne l'olio d'oliva. Mescolare in modo uniforme e e fare le polpette. Scaldare l'olio d'oliva in una padella a fuoco medio. Aggiungi le polpette e friggi fino a dorarle su entrambi i lati.

Cosce di pollo con purea di carote

Tempo di preparazione + cottura: 60 minuti | Porzioni: 5

Ingredienti:

2 libbre di cosce di pollo

1 tazza di carote, tagliate a fettine sottili

2 cucchiai di olio d'oliva

¼ di tazza di cipolla tritata finemente

2 tazze di brodo di pollo

2 cucchiai di prezzemolo fresco, tritato finemente

2 spicchi d'aglio schiacciati

Sale e pepe nero qb

Indicazioni:

Fare un bagnomaria, inserire il sottovuoto e impostare a 167 F. Lavare le cosce di pollo sotto l'acqua corrente fredda e asciugarle con carta da cucina. Mettere da parte.

In una ciotola, unisci 1 cucchiaio di olio d'oliva, prezzemolo, sale e pepe. Mescolate bene e spennellate generosamente le cosce con il composto. Mettere in un grande sacchetto sigillabile sottovuoto e aggiungere il brodo di pollo. Premere il sacchetto per rimuovere l'aria. Sigilla il sacchetto e mettilo a bagnomaria e imposta il timer per 45 minuti. Una volta che il timer si è fermato, rimuovere le cosce dalla busta e asciugarle tamponando. Riservate il liquido di cottura.

Nel frattempo, prepara le carote. Trasferire in un frullatore e frullare fino a ottenere una purea. Mettere da parte.

Riscaldare il restante olio d'oliva in una padella larga a fuoco medio. Aggiungere l'aglio e la cipolla e saltare in padella per circa 1-2 minuti o finché non si ammorbidiscono. Aggiungere le cosce di pollo e cuocere per 2-3 minuti, girandole di tanto in tanto. Assaggia la cottura, aggiusta i condimenti e poi aggiungi il brodo. Portalo a ebollizione e togli dal fuoco. Trasferire le cosce in un piatto da portata e guarnire con purea di carote e cospargere di prezzemolo.

Pollo al limone con menta

Tempo di preparazione + cottura: 2 ore 40 minuti | Porzioni: 3

Ingredienti:

Cosce di pollo da 1 libbra, disossate e senza pelle

¼ di tazza di olio

1 cucchiaio di succo di limone appena spremuto

2 spicchi d'aglio, schiacciati

1 cucchiaino di zenzero

½ cucchiaino di pepe di cayenna

1 cucchiaino di menta fresca, tritata finemente

½ cucchiaino di sale

Indicazioni:

In una piccola ciotola, unisci l'olio d'oliva con il succo di limone, l'aglio, lo zenzero macinato, la menta, il pepe di Caienna e il sale. Spazzolare generosamente ogni coscia con questa miscela e conservare in frigorifero per almeno 30 minuti.

Togli le cosce dal frigorifero. Mettere in un grande sacchetto sigillabile sottovuoto e cuocere per 2 ore a 149 F. Togliere dal sacchetto sigillabile sottovuoto e servire subito con i cipollotti.

Pollo con Marmellata di Ciliegie

Tempo di preparazione + cottura: 4 ore 25 minuti | Porzioni: 4

ingredienti

2 libbre di pollo con la pelle con l'osso

4 cucchiai di marmellata di ciliegie

2 cucchiai di noce moscata macinata

Sale e pepe nero qb

Indicazioni

Preparare un bagnomaria e inserire il Sous Vide. Impostare su 172 F. Condire il pollo con sale e pepe e unire con gli ingredienti rimanenti. Mettere in un sacchetto sigillabile sottovuoto. Rilasciare l'aria con il metodo dello spostamento dell'acqua, sigillare e immergere la sacca nel bagnomaria. Cuocere per 4 ore.

Una volta che il timer si è fermato, rimuovere il sacchetto e spostarlo in una pirofila. Riscaldare il forno a 450 F. e cuocere per 10 minuti fino a renderlo croccante. Trasferire in un piatto e servire.

Cosce Di Pollo Piccanti Dolci

Tempo di preparazione + cottura: 2 ore 20 minuti | Porzioni: 3

Ingredienti:

½ cucchiaio di zucchero

½ tazza di salsa di soia

2 ½ cucchiaini di zenzero tritato

2 ½ cucchiaini di aglio tritato

2 ½ cucchiaini di purea di peperoncino rosso

¼ libbre piccole cosce di pollo, senza pelle

2 cucchiai di olio d'oliva

2 cucchiai di semi di sesamo per guarnire

1 scalogno, tritato per guarnire

Sale e pepe nero qb

Indicazioni:

Fare un bagnomaria, inserire il Sous Vide e impostare a 165 F. Strofinare il pollo con sale e pepe. Mettere il pollo in un sacchetto sigillabile sottovuoto, rilasciare l'aria con il metodo dello spostamento dell'acqua e sigillarlo.

Metti la borsa a bagnomaria e imposta il timer per 2 ore. Una volta che il timer si è fermato, rimuovere e aprire il sacchetto. In una ciotola, mescola i restanti ingredienti elencati tranne l'olio d'oliva. Mettere da parte. Scaldare l'olio in una padella a fuoco medio, aggiungere il pollo.

Una volta che saranno leggermente dorate su entrambi i lati, aggiungere la salsa e ricoprire il pollo. Cuocere per 10 minuti. Guarnire con sesamo e scalogno. Servire con un contorno di riso al cavolfiore.

Petti Di Pollo Ripieni

Tempo di preparazione + cottura: 1 ora e 15 minuti | Porzioni: 5

Ingredienti:

2 libbre di petti di pollo, senza pelle e disossati

2 cucchiai di prezzemolo fresco, tritato finemente

2 cucchiai di basilico fresco, tritato finemente

1 uovo grande

½ tazza di cipolline tritate

Sale e pepe nero qb

2 cucchiai di olio d'oliva

Indicazioni:

Fare un bagnomaria, inserire il sottovuoto e impostare a 165 F. Lavare accuratamente i petti di pollo e asciugarli con carta da cucina. Strofinare un po 'di sale e pepe e mettere da parte.

In una ciotola, unire l'uovo, il prezzemolo, il basilico e i cipollotti. Mescolare fino a quando ben incorporato. Metti i petti di pollo su una superficie pulita e versa il composto di uova al centro. Piega i seni per sigillarli. Mettere i seni in un sacchetto sigillato sottovuoto separato e premere per rimuovere l'aria. Sigillare il coperchio e metterlo nel bagnomaria preparato. Cuocere en sous vide per 1 ora. Una volta che il timer si è fermato, rimuovere i petti di pollo. Scaldare l'olio in una padella a fuoco medio. Aggiungere i petti di pollo e far rosolare per 2 minuti per lato.

Pollo piccante

Tempo di preparazione + cottura: 2 ore 40 minuti | Porzioni: 8

Ingredienti:

1 pollo da cinque libbre, intero

3 cucchiai di succo di limone

½ tazza di olio d'oliva

6 foglie di alloro, essiccate

2 cucchiai di rosmarino tritato

3 cucchiai di timo essiccato

2 cucchiai di olio di cocco

¼ di tazza di scorza di limone

3 spicchi d'aglio, tritati

Sale e pepe nero qb

Indicazioni:

Fare un bagnomaria, inserire il sottovuoto e impostare a 149 F. Sciacquare bene il pollo sotto l'acqua corrente fredda e asciugarlo tamponando con un canovaccio da cucina. Mettere da parte.

In una piccola ciotola, unire l'olio d'oliva con il sale, il succo di limone, le foglie di alloro essiccate, il rosmarino e il timo. Farcite la cavità del pollo con fettine di limone e questo composto.

In un'altra ciotola, unisci l'olio di cocco con la scorza di limone e l'aglio. Allenta la pelle del pollo dalla carne. Strofina questa miscela sotto la pelle e mettila in un grande sacchetto di plastica. Mettete in frigo per 30 minuti. Togliete dal frigorifero e mettete in un grande sacchetto sigillabile sottovuoto. Metti la borsa a bagnomaria e imposta il timer per 2 ore.

Cosce Di Pollo Alla Mediterranea

Tempo di preparazione + cottura: 1 ora e 40 minuti | Porzioni: 3

Ingredienti:

1 libbra di cosce di pollo

1 tazza di olio d'oliva

½ tazza di succo di lime appena spremuto

½ tazza di foglie di prezzemolo tritate finemente

3 spicchi d'aglio, schiacciati

1 cucchiaio di pepe di cayenna

1 cucchiaino di origano essiccato

1 cucchiaino di sale marino

Indicazioni:

Sciacquare la carne sotto l'acqua corrente fredda e scolarla in un grande scolapasta. In una ciotola, unire l'olio d'oliva con il succo di lime, il prezzemolo tritato, l'aglio schiacciato, il pepe di Caienna, l'origano e il sale. Immergere i filetti in questa miscela e coprire. Mettete in frigo per 30 minuti.

Togliere la carne dal frigorifero e scolarla. Mettere in un grande contenitore sigillato sottovuoto e cuocere en Sous Vide per un'ora a 167 F.

Petti di pollo con salsa Harissa

Tempo di preparazione + cottura: 65 minuti | Porzioni: 4

ingredienti

1 libbra di petti di pollo, tagliati a cubetti

1 gambo di citronella fresca, tritata

2 cucchiai di salsa di pesce

2 cucchiai di zucchero di cocco

Sale qb

1 cucchiaio di salsa harissa

Indicazioni

Preparare un bagnomaria e inserire il Sous Vide. Impostare su 149 F. In un frullatore, impulsi di citronella, salsa di pesce, zucchero e sale. Marinare il pollo con la salsa e preparare gli spiedini. Mettilo in un sacchetto sigillabile sottovuoto. Rilasciare l'aria con il metodo dello spostamento dell'acqua, sigillare e immergere la sacca nel bagnomaria. Cuocere per 45 minuti.

Una volta che il timer si è fermato, rimuovere la busta e trasferirla a bagnomaria fredda. Rimuovere il pollo e frullare con la salsa harissa. Riscaldare una padella a fuoco medio e rosolare il pollo. Servire.

Pollo all'aglio con funghi

Tempo di preparazione + cottura: 2 ore e 15 minuti | Porzioni: 6

Ingredienti:

2 libbre di cosce di pollo, senza pelle

Funghi cremini da 1 libbra, affettati

1 tazza di brodo di pollo

1 spicchio d'aglio, schiacciato

4 cucchiai di olio d'oliva

½ cucchiaino di cipolla in polvere

½ cucchiaino di foglie di salvia essiccate

¼ di cucchiaino di pepe di cayenna

Sale e pepe nero qb

Indicazioni:

Lavare accuratamente le cosce sotto l'acqua corrente fredda. Asciugare con carta da cucina e mettere da parte. In una padella capiente, scalda l'olio d'oliva a fuoco medio. Rosolare entrambi i lati delle cosce di pollo per 2 minuti. Togliere dalla padella e mettere da parte.

Ora aggiungi l'aglio e fai rosolare finché non diventa leggermente dorato. Mescolare i funghi, versare il brodo e cuocere fino a quando non raggiunge il bollore. Togliere dalla padella e mettere da parte. Condisci le cosce con sale, pepe, pepe di Caienna e cipolla in polvere. Mettere in un grande sacchetto sigillabile sottovuoto insieme a funghi e salvia. Sigillare la busta e cuocere en Sous Vide per 2 ore a 149 F.

Cosce di pollo alle erbe

Tempo di preparazione + cottura: 4 ore 10 minuti | Porzioni: 4

Ingredienti:

1 libbra di cosce di pollo

1 tazza di olio extravergine d'oliva

¼ di tazza di aceto di mele

3 spicchi d'aglio, schiacciati

½ tazza di succo di limone appena spremuto

1 cucchiaio di basilico fresco, tritato

2 cucchiai di timo fresco, tritato

1 cucchiaio di rosmarino fresco tritato

1 cucchiaino di pepe di cayenna

1 cucchiaino di sale

Indicazioni:

Sciacquare la carne sotto l'acqua corrente fredda e metterla in un grande scolapasta a scolare. Mettere da parte.

In una grande ciotola, unisci l'olio d'oliva con l'aceto di mele, l'aglio, il succo di limone, il basilico, il timo, il rosmarino, il sale e il pepe di Caienna. Immergere le cosce in questa miscela e conservare in frigorifero per un'ora. Togliere la carne dalla marinata e scolarla. Mettere in un grande sacchetto sigillabile sottovuoto e cuocere sottovuoto per 3 ore a 149 F.

Budino Di Pollo Con Cuori Di Carciofi

Tempo di preparazione + cottura: 1 ora e 30 minuti | Porzioni: 3

Ingredienti:

1 libbra di petto di pollo, disossato e senza pelle

2 carciofi di media grandezza

2 cucchiai di burro

2 cucchiai di olio extravergine di oliva

1 limone, spremuto

Una manciata di foglie di prezzemolo fresco, tritate finemente

Sale e pepe nero qb

½ cucchiaino di peperoncino

Indicazioni:

Sciacquare bene la carne e asciugarla tamponando con carta da cucina. Usando un coltello da cucina affilato tagliare la carne in pezzi più piccoli e rimuovere le ossa. Strofinare con olio d'oliva e mettere da parte.

Riscalda la padella a fuoco medio. Abbassa leggermente la fiamma a una temperatura media e aggiungi la carne. Cuocere per 3 minuti fino a doratura su entrambi i lati. Togliere dal fuoco e trasferire in un grande sacchetto sigillabile sottovuoto. Sigillare la busta e cuocere en Sous Vide per un'ora a 149 F.

Nel frattempo, prepara i carciofi. Taglia il limone a metà e spremi il succo in una piccola ciotola. Dividete il succo a metà e mettete da parte. Con uno spelucchino affilato, tagliate le foglie esterne fino a raggiungere quelle gialle e morbide. Tagliare la pelle esterna verde attorno alla base di carciofi e cuocere a vapore. Assicurati di rimuovere i "peli" attorno al cuore di carciofo. Sono immangiabili, quindi buttali via.

Tagliate i carciofi a pezzi da mezzo pollice. Strofinare con metà del succo di limone e metterlo in una pentola dal fondo pesante. Aggiungere abbastanza acqua per coprire e cuocere fino a quando non sarà completamente tenero. Togliere dal fuoco e scolare. Lasciar riposare per un po 'a temperatura ambiente. Taglia ogni pezzo a strisce sottili.

Ora unisci i carciofi alla carne di pollo in una ciotola capiente. Mescolare sale, pepe e il restante succo di limone. Sciogliere il burro a fuoco medio e cospargere il budino. Cospargere di peperoncino e servire.

Zucca alle mandorle e insalata di pollo

Tempo di preparazione + cottura: 1 ora e 15 minuti | Porzioni: 2

ingredienti

6 filetti di pollo

4 tazze di zucca butternut, tagliata a cubetti e arrostita

4 tazze di rucola

4 cucchiai di mandorle affettate

Succo di 1 limone

2 cucchiai di olio d'oliva

4 cucchiai di cipolla rossa, tritata

1 cucchiaio di paprika

1 cucchiaio di curcuma

1 cucchiaio di cumino

Sale qb

Indicazioni

Preparare un bagnomaria e inserire il Sous Vide. Impostato su 138 F.

Metti il pollo e tutte le spezie in un sacchetto sigillabile sottovuoto. Agitare bene. Rilasciare l'aria con il metodo dello spostamento dell'acqua, sigillare e immergere la sacca nel bagnomaria. Cuocere per 60 minuti.

Una volta che il timer si è fermato, rimuovere il sacchetto e trasferirlo in una padella riscaldata. Rosolare per 1 minuto su ogni lato. In una ciotola, unisci gli ingredienti rimanenti. Servire con sopra il pollo.